초등학교 국어 교과서 집필 위원이 알려 주는

두근두근 1학년 처음 국어

미리 공부하는 2022 개정 교육과정

한글 떼기

김대조 지음
홍나영 그림

파란정원

이 책의 구성과 활용법

《두근두근 1학년 처음 국어: 한글 떼기》 이렇게 활용해 보세요.

1 한 걸음
선을 긋고 색칠하며 아이의 소근육을 키워 연필 잡기의 기본을 익혀요. 또 그림과 글자를 구별하며 시각과 지각 능력을 길러요.

2 두 걸음
모음자를 공부해요. 그림과 낱말을 통해 단모음부터 복잡한 이중 모음까지 자음자의 소리 읽기와 쓰기를 차례로 익혀요.

3 세 걸음
자음자를 공부해요. 훈민정음 제자 원리에 따라 기본 자음자에 획을 더해 쓰는 방식으로 자음자의 소리와 낱말을 이해하도록 도와요.

4 네 걸음

받침 없는 낱말을 공부해요. 자음자와 모음자가 만나는 글자의 기본 짜임을 배우고, 완성된 낱말의 형태와 소리를 이해해요.

5 다섯 걸음

받침 있는 낱말을 공부해요. 받침 없는 글자에 자음자가 더해지는 글자의 짜임을 이해하고, 받침 있는 낱말과 소리를 함께 익혀요.

6 여섯 걸음

다양한 낱말을 배워요. 주제에 따라 상황에 어울리는 다양한 낱말을 읽고 쓰며 아이의 어휘력이 늘어날 수 있게 도와줘요.

차례

한 걸음
1 한글 공부를 시작해요
- ① 여러 가지 선 긋기 … 12
- ② 점선 따라 긋고 색칠하기 … 14
- ③ 모양이 같은 그림 찾기 … 16
- ④ 그림에서 글자 찾기 … 18
- ⑤ 같은 글자 찾기 … 20

두 걸음
2 모음자를 공부해요
- ⑥ ㅏ와 ㅓ를 한눈에 배우기 … 26
- ⑦ ㅗ와 ㅜ를 한눈에 배우기 … 28
- ⑧ ㅡ와 ㅣ를 한눈에 배우기 … 30
- ⑨ ㅑ와 ㅕ를 한눈에 배우기 … 32
- ⑩ ㅛ와 ㅠ를 한눈에 배우기 … 34
- ⑪ ㅔ, ㅐ, ㅖ, ㅒ를 한눈에 배우기 … 36
- ⑫ ㅘ, ㅝ, ㅟ, ㅢ를 한눈에 배우기 … 38
- ⑬ ㅚ, ㅙ, ㅞ를 한눈에 배우기 … 40

세 걸음
3 자음자를 공부해요
- ⑭ ㄱ, ㅋ, ㄲ을 한번에 배우기 … 46
- ⑮ ㄴ, ㄷ, ㅌ, ㄸ을 한번에 배우기 … 48
- ⑯ ㅁ, ㅂ, ㅍ, ㅃ을 한번에 배우기 … 50
- ⑰ ㅅ, ㅈ, ㅊ, ㅆ, ㅉ을 한번에 배우기 … 52
- ⑱ ㅇ, ㅎ, ㄹ을 한번에 배우기 … 54

네 걸음
4 받침 없는 낱말을 공부해요

- ⑲ 받침 없는 글자의 짜임 이해하기 … 60
- ⑳ 자음자와 모음자로 글자 만들기 … 62
- ㉑ 받침 없는 ㄱ, ㄴ, ㄷ 낱말 배우기 … 64
- ㉒ 받침 없는 ㄹ, ㅁ, ㅂ 낱말 배우기 … 66
- ㉓ 받침 없는 ㅅ, ㅇ, ㅈ 낱말 배우기 … 68
- ㉔ 받침 없는 ㅊ, ㅋ, ㅌ 낱말 배우기 … 70
- ㉕ 받침 없는 ㅍ, ㅎ, ㄲ 낱말 배우기 … 72
- ㉖ 받침 없는 ㄸ, ㅃ, ㅆ, ㅉ 낱말 배우기 … 74
- ★ 받침 없는 낱말 복습하기 … 76

다섯 걸음
5 받침 있는 낱말을 공부해요

- ㉗ 받침 있는 글자의 짜임 이해하기 … 84
- ㉘ 받침이 ㄱ, ㅋ, ㄲ인 낱말 배우기 … 86
- ㉙ 받침이 ㄴ, ㄹ인 낱말 배우기 … 88
- ㉚ 받침이 ㅁ, ㅇ인 낱말 배우기 … 90
- ㉛ 받침이 ㅂ, ㅍ인 낱말 배우기 … 92
- ㉜ 받침이 ㄷ, ㅌ, ㅅ, ㅆ인 낱말 배우기 … 94
- ㉝ 받침이 ㅈ, ㅊ, ㅎ인 낱말 배우기 … 96
- ㉞ 문장으로 겹받침 배우기 ① … 98
- ㉟ 문장으로 겹받침 배우기 ② … 100
- ★ 받침 있는 낱말 복습하기 … 102

여섯 걸음
6 다양한 낱말을 공부해요

- ㊱ 학교와 관련된 낱말 배우기 … 110
- ㊲ 봄과 관련된 낱말 배우기 … 112
- ㊳ 여름과 관련된 낱말 배우기 … 114
- ㊴ 가을과 관련된 낱말 배우기 … 116
- ㊵ 겨울과 관련된 낱말 배우기 … 118
- ★ 다양한 낱말 복습하기 … 120

1

한글 공부를 시작해요

1. 여러 가지 선 긋기
2. 점선 따라 긋고 색칠하기
3. 모양이 같은 그림 찾기
4. 그림에서 글자 찾기
5. 같은 글자 찾기

1 여러 가지 선 긋기

한글을 배우기 전에 손의 힘을 조절할 줄 알아야 해요. 적당한 힘이 예쁜 글씨를 쓸 수 있게 하거든요. 연필을 손에 쥐고 선을 따라 그어 보세요.

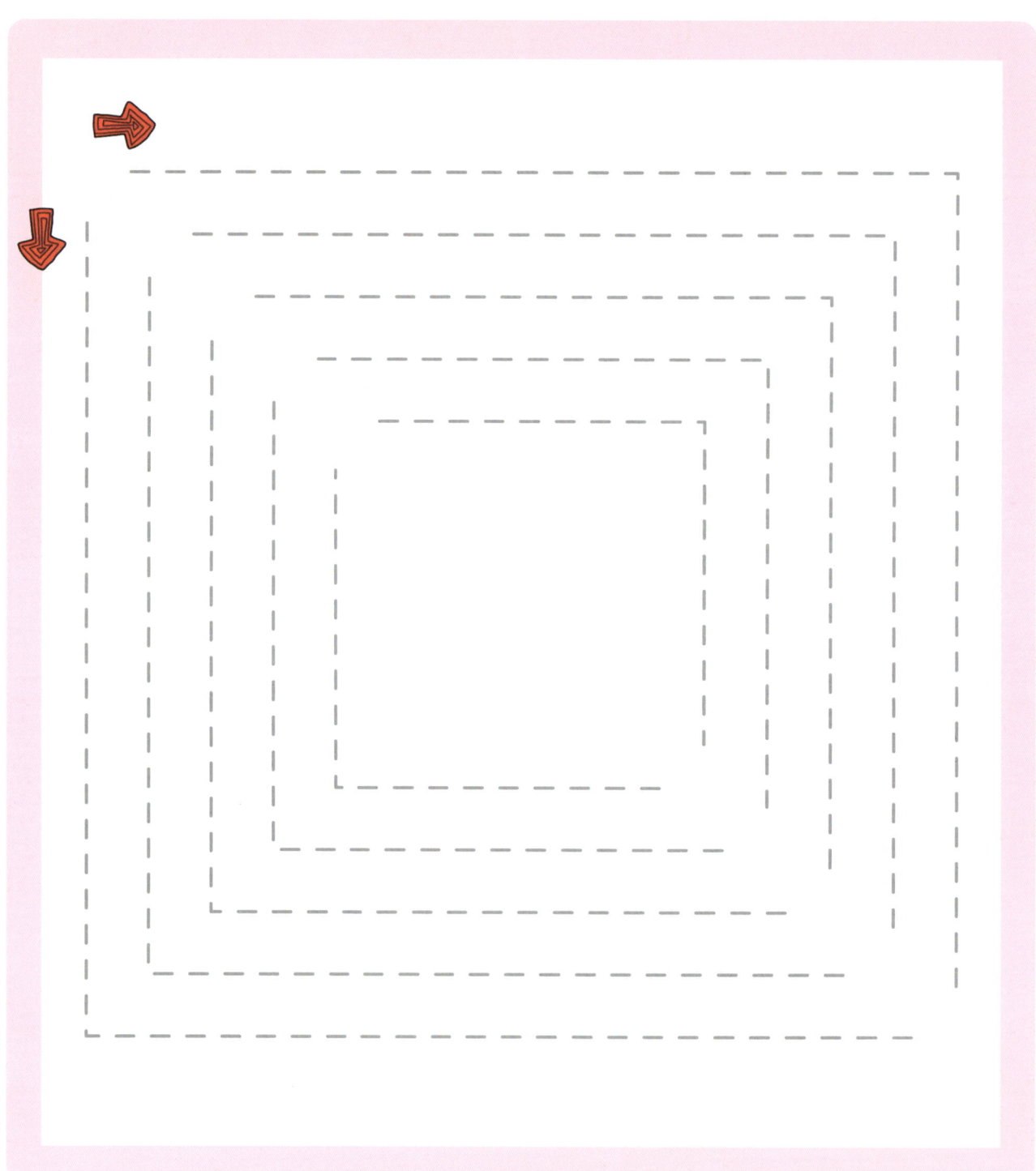

2 점선 따라 긋고 색칠하기

점선을 따라 선을 그어 도도와 나나를 완성해 보세요. 선을 다 이었다면 예쁘게 색칠도 해 보세요.

3 모양이 같은 그림 찾기

'무엇이 무엇이 똑같을까' 노래처럼 어떤 그림이 서로 똑같은지 구별할 줄 알아야 해요. 꼼꼼히 살펴보고 같은 그림을 찾아 보세요.

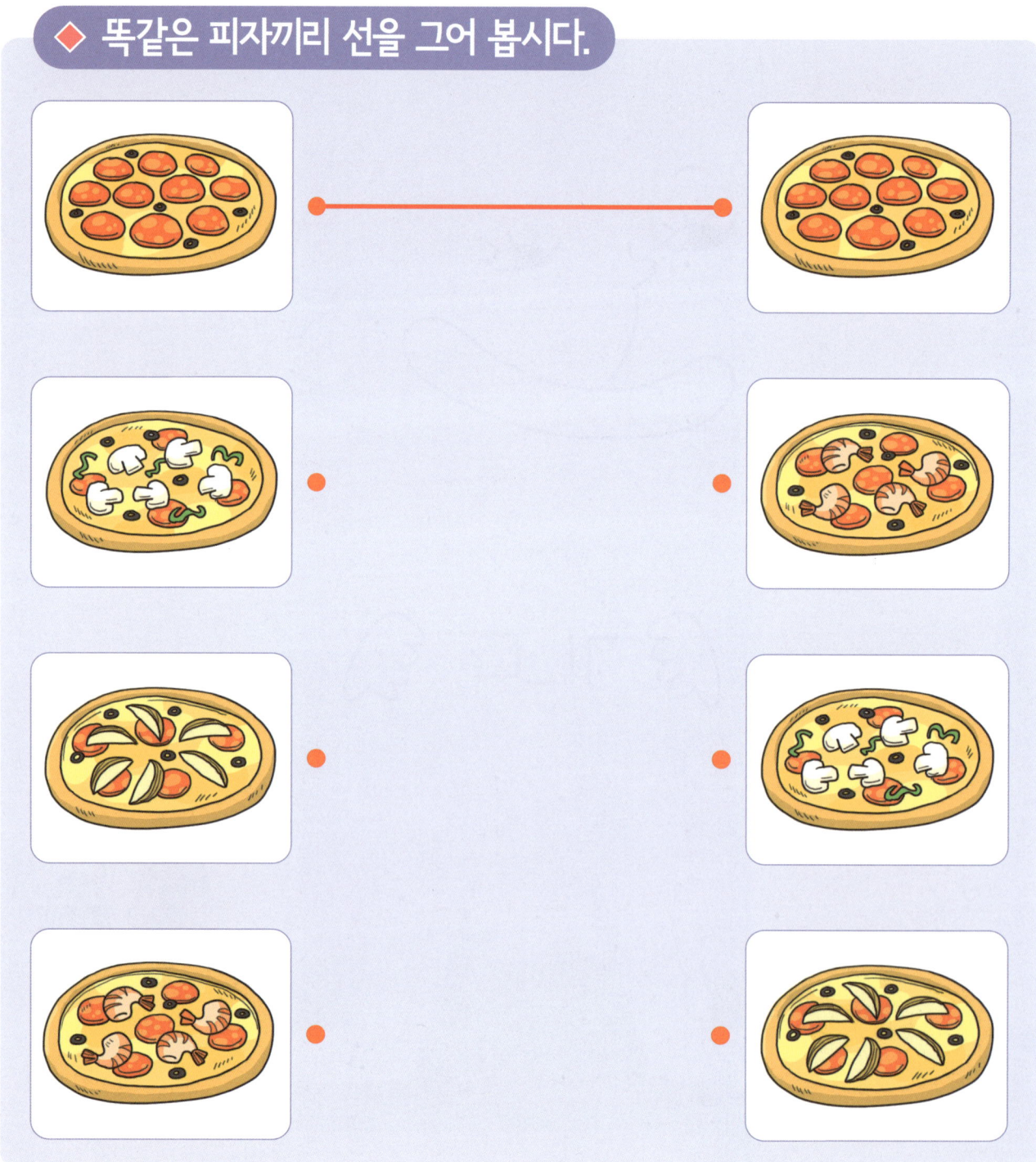

◆ 똑같은 피자끼리 선을 그어 봅시다.

◆ 나나가 찾는 인형에 ○표를 해 봅시다.

4 그림에서 글자 찾기

한글을 제대로 배우려면 글자 모양을 알고 있어야 해요. 그림에서 올바른 글자를 구별해 보세요.

◆ 글자인 것을 찾아 ○표를 해 봅시다.

◆ 그림과 알맞은 낱말에 ○표를 해 봅시다.

^^	사과	l☼리l
포도	☎	수박
배	감	소ㅇ
◉▨	ㅋ무	바나나

5 같은 글자 찾기

활짝 핀 꽃에 글자가 쓰여 있어요. 가운데 쓰인 글자와 같은 글자에 ○표를 해 보세요.

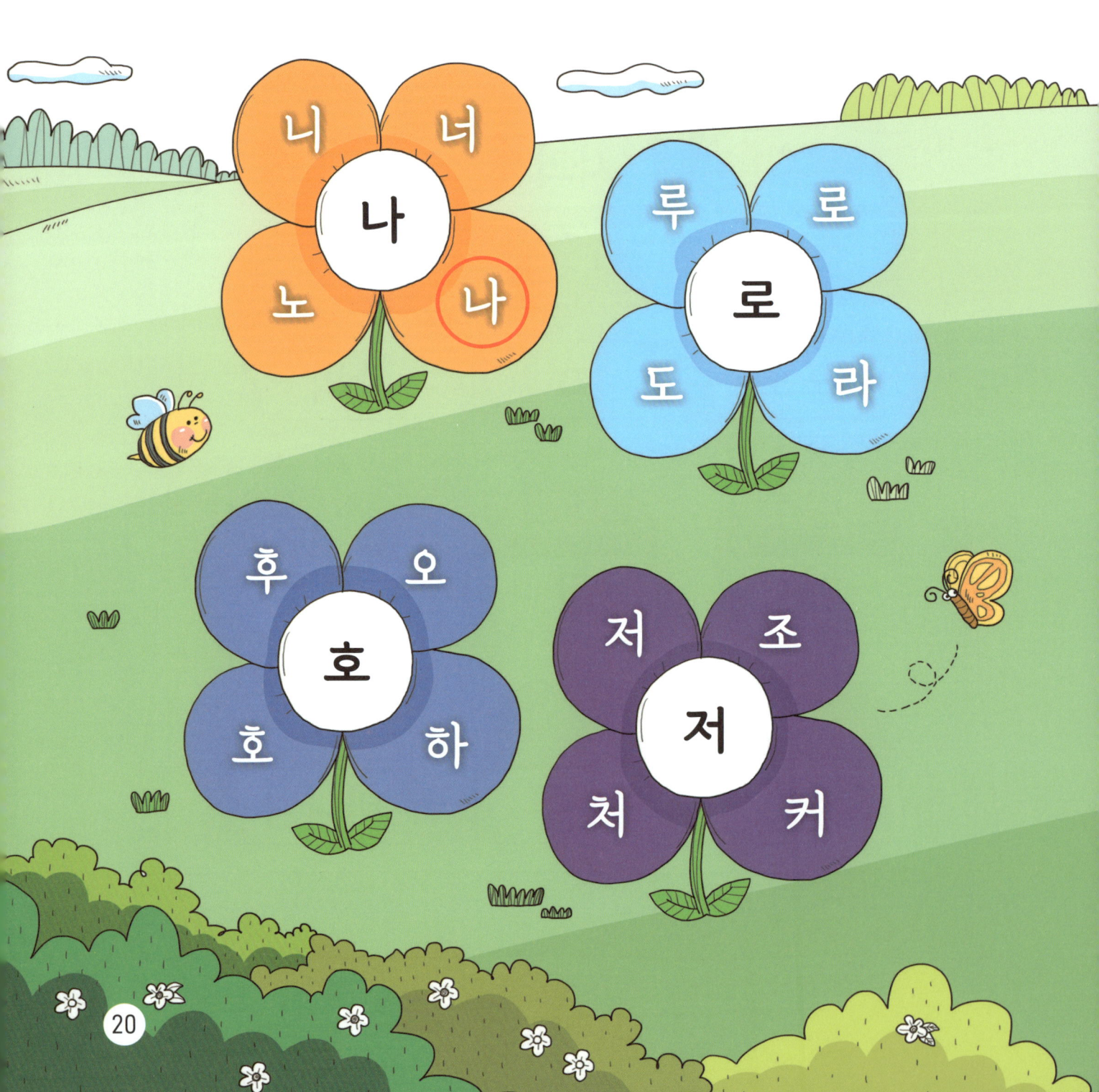

두걸음 2

모음자를 공부해요

- **6** ㅏ와 ㅓ를 한눈에 배우기
- **7** ㅗ와 ㅜ를 한눈에 배우기
- **8** ㅡ와 ㅣ를 한눈에 배우기
- **9** ㅑ와 ㅕ를 한눈에 배우기
- **10** ㅛ와 ㅠ를 한눈에 배우기
- **11** ㅔ, ㅐ, ㅖ, ㅒ를 한눈에 배우기
- **12** ㅘ, ㅝ, ㅟ, ㅢ를 한눈에 배우기
- **13** ㅚ, ㅙ, ㅞ를 한눈에 배우기

6 ㅏ와 ㅓ를 한눈에 배우기

'ㅏ'는 턱을 아래로 크게 내리며 [아]라고 소리 내고, 'ㅓ'는 ㅏ보다 턱을 조금 내려 [어]라고 소리 낸다는 특징이 있어요. 낱말을 읽으며 연습해 봐요.

◆ 낱말을 소리 내어 읽고 모음자를 써 봅시다.

◆ 낱말에 들어갈 모음자를 써 봅시다.

파 ㄴ무 ㅇ부바 ㅎ리

◆ 낱말에 들어갈 모음자와 이어 봅시다.

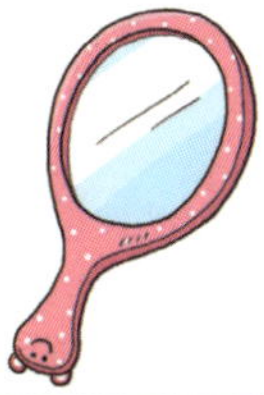

ㄱ울    ㅂ나나    ㅁ리    ㅍ도

ㅏ   ㅓ

7 ㅗ와 ㅜ를 한눈에 배우기

'ㅗ'는 입이 둥글어지며 [오]라고 소리를 내고, 'ㅜ'는 입이 둥글어지면서 앞으로 나와 [우]라고 소리를 내요. 입 모양의 특징을 기억하며 소리 내어 보세요.

◆ 낱말을 소리 내어 읽고 모음자를 써 봅시다.

◆ 낱말에 들어갈 모음자를 써 봅시다.

| 소 | 포도 | ㅁ | ㅋ키 |

◆ 낱말에 들어갈 모음자와 이어 봅시다.

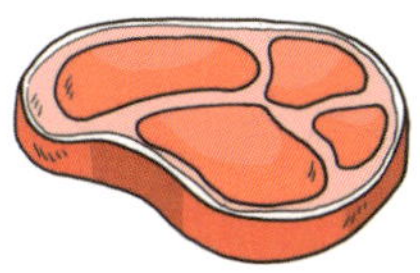

ㄱ기

ㅂ부

ㅗ

ㅜ

ㄱ리

ㅇ산

8 ㅡ와 ㅣ를 한눈에 배우기

'ㅡ'는 입이 옆으로 살짝 벌어지면서 [으]라고 소리를 내고, 'ㅣ'는 ㅡ보다 혀가 조금 더 앞으로 가며 [이]라고 소리 내요.

◆ 낱말을 소리 내어 읽고 모음자를 써 봅시다.

◆ 낱말에 들어갈 모음자를 써 봅시다.

| 치즈 | 버스 | ㄱ차 | ㅍ부 |

◆ 낱말에 들어갈 모음자와 이어 봅시다.

9 ㅑ와 ㅕ를 한눈에 배우기

'ㅑ'는 ㅣ와 ㅏ 소리를 합쳐 [야]라고 소리를 내고, 'ㅕ'는 ㅣ와 ㅓ 소리가 만나 [여]라고 소리를 내요. 소리의 특징을 익히며 따라 써 보세요.

◆ 낱말을 소리 내어 읽고 모음자를 써 봅시다.

ㅑ

야구   약국   샤워

ㅕ

여우   겨울   여름

◆ 낱말에 들어갈 모음자를 써 봅시다.

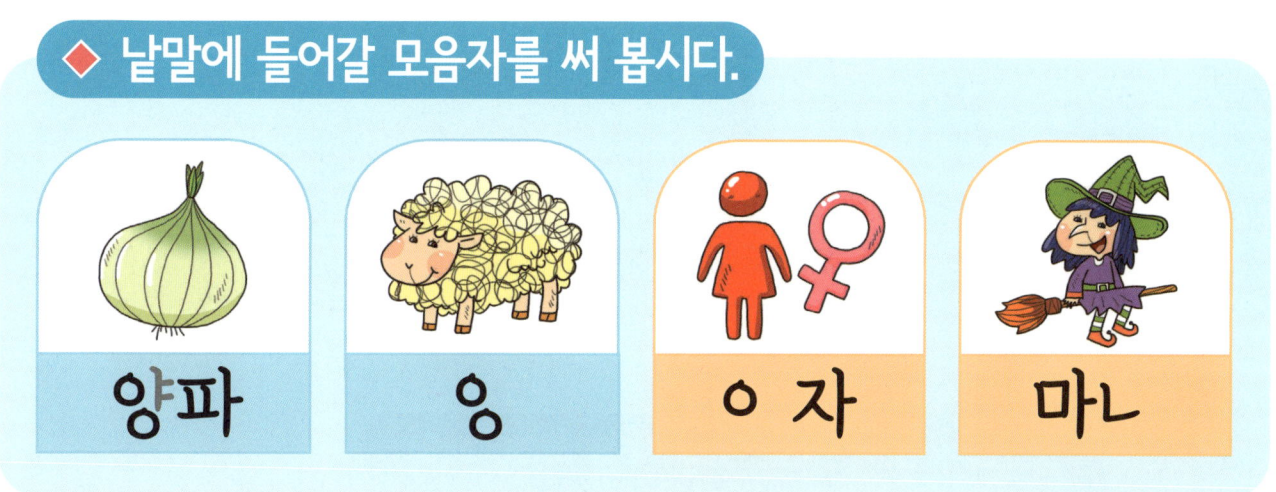

양파　　ㅇ　　ㅇ자　　마ㄴ

◆ 낱말에 들어갈 모음자와 이어 봅시다.

ㅇ치 　　　　　ㅇ왕

ㅑ

ㅕ

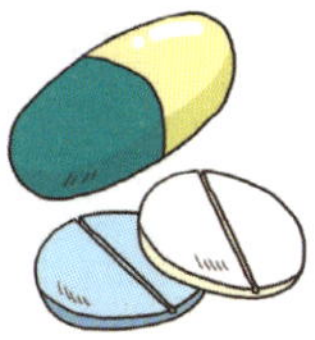

ㅇ　　　　　ㅎ

10 ㅛ와 ㅠ를 한눈에 배우기

'ㅛ'는 ㅣ와 ㅗ 소리를 합쳐 [요]라고 소리를 내고, 'ㅠ'는 ㅣ와 ㅜ 소리가 만나 [유]라고 소리를 내요. 자음자의 소리 특징을 기억하고 익혀 보세요.

◆ 낱말을 소리 내어 읽고 모음자를 써 봅시다.

ㅛ
요정 교실 요요

ㅠ
유리 뉴스 휴지

◆ 낱말에 들어갈 모음자를 써 봅시다.

| 요리 | ㅇ가 | ㅇ모차 | ㅇ령 |

◆ 낱말에 들어갈 모음자와 이어 봅시다.

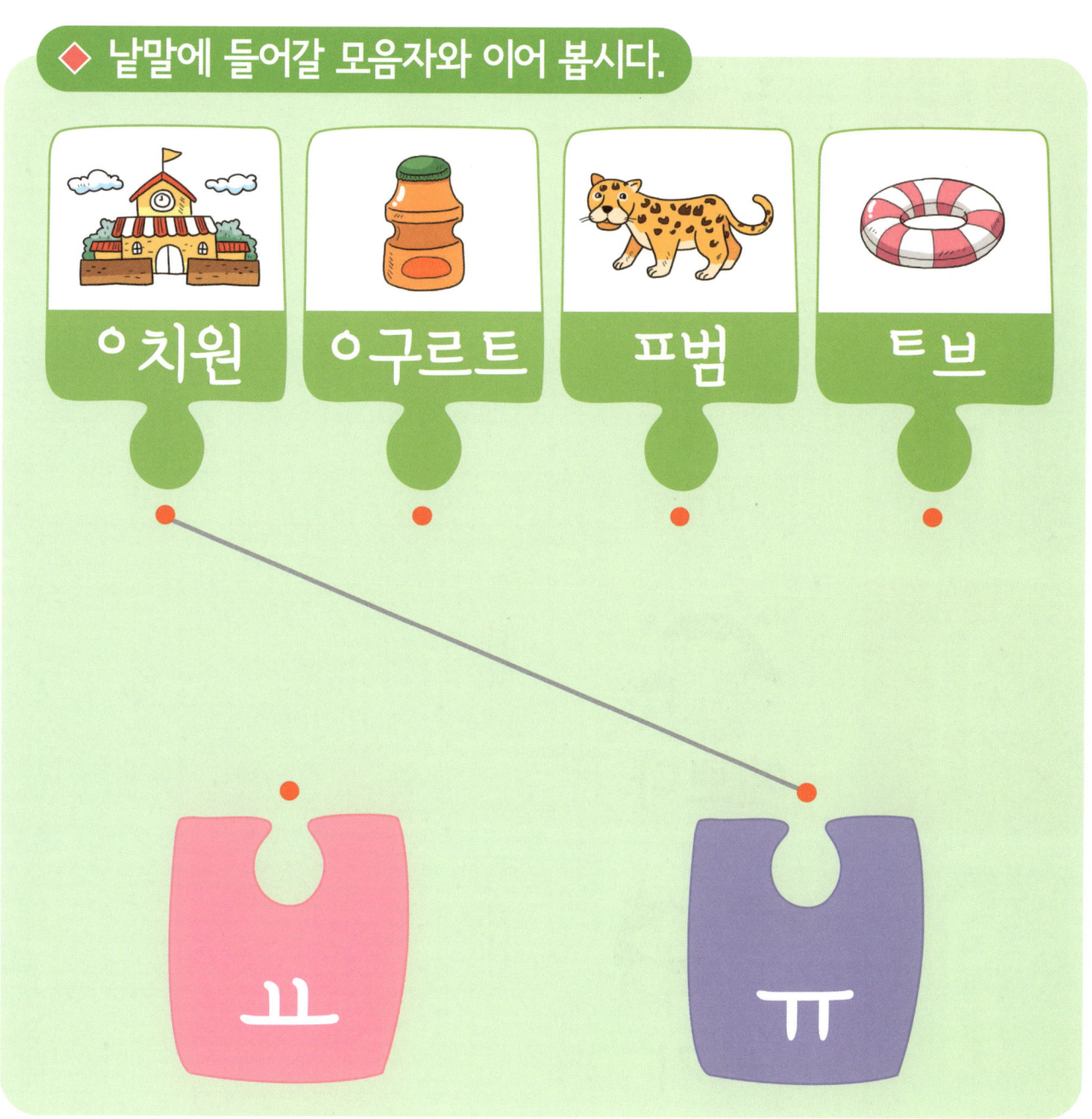

11 ㅔ, ㅐ, ㅖ, ㅒ를 한눈에 배우기

'ㅔ'와 'ㅐ'는 소리가 비슷하지만 [이]→[에]→[애] 순서로 소리를 내면 점점 입이 크게 벌어져요. 'ㅖ'와 'ㅒ'도 소리는 비슷하지만 입 모양의 크기가 달라요.

◆ 낱말을 소리 내어 읽고 모음자를 써 봅시다.

◆ 낱말에 들어갈 모음자를 써 봅시다.

세배

ㄱ 미

시ㄱ

ㄱ

◆ 낱말에 들어갈 모음자와 이어 봅시다.

ㅂ

ㅈ비

ㅇ

ㅇ절

ㅖ ㅐ ㅔ ㅒ

12 ㅘ, ㅝ, ㅟ, ㅢ를 한눈에 배우기

'ㅘ'는 ㅗ와 ㅏ가 합쳐져 [와], 'ㅝ'는 ㅜ와 ㅓ가 만나 [워], 'ㅟ'는 ㅜ와 ㅣ가 더해져 [위], 'ㅢ'는 ㅡ와 ㅣ가 합쳐져 [의]라고 소리를 내요.

◆ 낱말을 소리 내어 읽고 모음자를 써 봅시다.

◆ 낱말에 들어갈 모음자를 써 봅시다.

 과일　 　ㅇ　ㄴ　 　바ㅇ　 　ㅇ 사

◆ 낱말에 들어갈 모음자와 이어 봅시다.

ㄱ자　ㄱ신　ㄲㅇ　ㅇ상

ㅘ　ㅝ　ㅟ　ㅢ

13 ㅚ, ㅙ, ㅞ를 한눈에 배우기

'ㅚ'는 ㅗ와 ㅣ가 합쳐져 [외], 'ㅙ'는 ㅗ와 ㅐ가 만나 [왜], 'ㅞ'는 ㅜ와 ㅔ가 더해져 [웨]라고 소리를 내요.

◆ 낱말을 소리 내어 읽고 모음자를 써 봅시다.

ㅚ 참외

ㅙ 꽹과리

ㅞ 스웨터

◆ 낱말에 들어갈 모음자를 써 봅시다.

 회전목마
 ㅎ 오리
 ㄷ 지
 ㅇ 이터

◆ 낱말에 들어갈 모음자와 이어 봅시다.

상ㅋ 한

교ㅎ

ㅚ

ㅙ

ㅔ

ㄲ 매다

ㄱ 물

41

세 걸음 3

자음자를 공부해요

- **14** ㄱ, ㅋ, ㄲ을 한번에 배우기
- **15** ㄴ, ㄷ, ㅌ, ㄸ을 한번에 배우기
- **16** ㅁ, ㅂ, ㅍ, ㅃ을 한번에 배우기
- **17** ㅅ, ㅈ, ㅊ, ㅆ, ㅉ을 한번에 배우기
- **18** ㅇ, ㅎ, ㄹ을 한번에 배우기

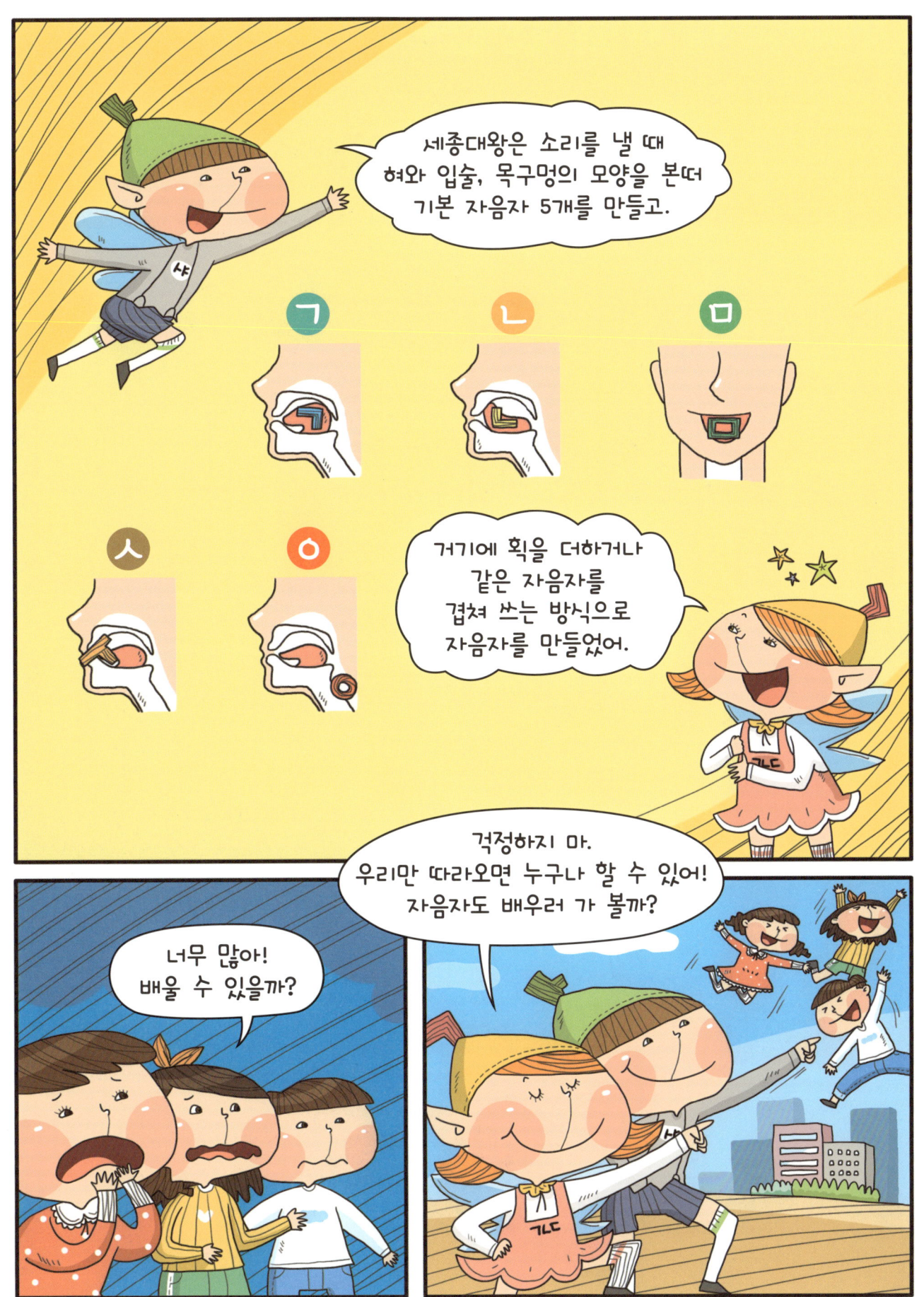

14 ㄱ, ㅋ, ㄲ을 한번에 배우기

'ㄱ'은 [그], 'ㅋ'은 [크], 'ㄲ'은 [끄]라고 소리 내요. 혀의 뒷부분과 입천장의 부드러운 부분이 만나면서 나오는 소리예요.

◆ 낱말을 소리 내어 읽고 자음자를 써 봅시다.

◆ 낱말에 들어갈 자음자를 써 봅시다.

고추 / ㅎ / ㅗ양이 / ㅏ치
ㅣ다리 / ㅎ / ㅣ위 / ㅗ리

◆ 그림을 보고 틀린 글자를 바르게 고쳐 써 봅시다.

쿠멍	구키
구멍	
 쿨벌	 고치
 초골릿	 끼린

47

15 ㄴ, ㄷ, ㅌ, ㄸ을 한번에 배우기

'ㄴ'은 [느], 'ㄷ'은 [드], 'ㅌ'은 [트], 'ㄸ'은 [뜨]라고 소리 내요. 혀와 입천장의 단단한 부분이 만나면서 나오는 소리예요.

◆ 낱말을 소리 내어 읽고 자음자를 써 봅시다.

니은 ㄴ
누나

디귿 ㄷ
다리미

티읕 ㅌ
타조

쌍디귿 ㄸ
땅

◆ 낱말에 들어갈 자음자를 써 봅시다.

◆ 그림을 보고 틀린 글자를 바르게 고쳐 써 봅시다.

16 ㅁ, ㅂ, ㅍ, ㅃ을 한번에 배우기

'ㅁ'은 [므], 'ㅂ'은 [브], 'ㅍ'은 [프], 'ㅃ'은 [쁘]라고 소리 내요. 입술이 닫혔다가 열리면서 나오는 소리예요.

◆ 낱말을 소리 내어 읽고 자음자를 써 봅시다.

◆ 낱말에 들어갈 자음자를 써 봅시다.

◆ 그림을 보고 틀린 글자를 바르게 고쳐 써 봅시다.

배미
매미

피행기

삐아노

푸리

바늘

발래

17 ㅅ, ㅈ, ㅊ, ㅆ, ㅉ을 한번에 배우기

'ㅅ'은 [스], 'ㅈ'은 [즈], 'ㅊ'은 [츠], 'ㅆ'은 [쓰], 'ㅉ'은 [쯔]라고 소리 내요. 혓바닥이 입천장을 스치면서 나오는 소리예요.

◆ 낱말을 소리 내어 읽고 자음자를 써 봅시다.

◆ 낱말에 들어갈 자음자를 써 봅시다.

| 새 | 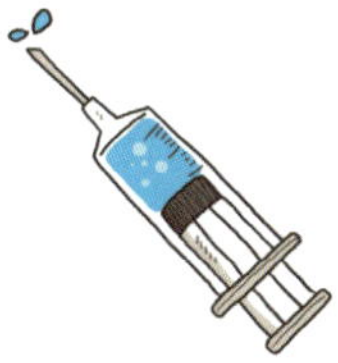 ㅜ사기 |  ㅗ |  ㅡ레기 |
|  ㅗ라 |  ㅓ금통 |  ㅗ록 | ㅓ매 |

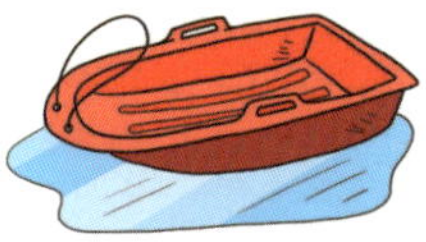

◆ 그림을 보고 틀린 글자를 바르게 고쳐 써 봅시다.

작꿍 → 짝꿍	 자슴 →
 시도 →	 싸 →
 찌름 →	 지개 →

18. ㅇ, ㅎ, ㄹ을 한번에 배우기

'ㅇ'은 [응], 'ㅎ'은 [흐]라고 소리를 내며 목구멍에서 소리를 내요. 'ㄹ'은 혀끝을 입천장에서 살짝 튕기면서 [르]라고 소리를 내요.

◆ 낱말을 소리 내어 읽고 자음자를 써 봅시다.

이응 ㅇ — 왕

히읗 ㅎ — 허수아비

리을 ㄹ — 라면

◆ 낱말에 들어갈 자음자를 써 봅시다.

 유리병
 ㅏ늘
 ㅗ두
 ㅣ본

 애두
 ㅗ박
 도ㅗ
 코끼ㅣ

◆ 그림을 보고 틀린 글자를 바르게 고쳐 써 봅시다.

 금분어
금붕어

 안글

 하디오

 구돌프

 도잔

 로랑이

55

네 걸음 4

받침 없는 낱말을 공부해요

- **19** 받침 없는 글자의 짜임 이해하기
- **20** 자음자와 모음자로 글자 만들기
- **21** 받침 없는 ㄱ, ㄴ, ㄷ 낱말 배우기
- **22** 받침 없는 ㄹ, ㅁ, ㅂ 낱말 배우기
- **23** 받침 없는 ㅅ, ㅇ, ㅈ 낱말 배우기
- **24** 받침 없는 ㅊ, ㅋ, ㅌ 낱말 배우기
- **25** 받침 없는 ㅍ, ㅎ, ㄲ 낱말 배우기
- **26** 받침 없는 ㄸ, ㅃ, ㅆ, ㅉ 낱말 배우기
- ★ 받침 없는 낱말 복습하기

19 받침 없는 글자의 짜임 이해하기

자음자와 모음자가 글자를 만들 때는 왼쪽과 오른쪽에서 만나기, 위와 아래에서 만나기 두 가지 짜임으로 이루어져요.

♠ 자음자가 왼쪽, 모음자가 오른쪽

ㅅ + ㅏ = 사
ㅈ + ㅏ = 자
→ 사 자

♠ 자음자가 위쪽, 모음자가 아래쪽

ㄴ + ㅗ = 노
ㄹ + ㅜ = 루
→ ☐ ☐

◆ 자음자와 모음자로 만든 글자를 써 봅시다.

◆ 자음자와 모음자를 더해 낱말을 완성해 봅시다.

세 수 | ㅅ ㅗ | ㅣ ㅅ

ㅣ ㅁ | ㅊ | ㄷ ㅏ

20 자음자와 모음자로 글자 만들기

자음자와 모음자가 만나 만들어지는 글자를 적어 보세요. 글자로 어떤 낱말을 만들 수 있는지 낱말 만들기 활동도 해 보세요.

자음자\모음자	ㅏ	ㅑ	ㅓ	ㅕ	ㅗ	ㅛ	ㅜ	ㅠ	ㅡ	ㅣ
ㄱ	가		거			교		규		
ㄴ		냐			노			뉴	느	
ㄷ	다			뎌			두			디
ㄹ			러			료				
ㅁ		먀			모				므	미
ㅂ	바		버				부	뷰		
ㅅ		샤		셔		쇼			스	
ㅇ			어		오		우			이
ㅈ	자		저					쥬		
ㅊ				쳐	초	쵸			츠	
ㅋ	카	캬					쿠			키
ㅌ			터	텨			투			
ㅍ				펴	포			퓨		피
ㅎ	하	햐				효			흐	

◇ 표 속 글자를 이용해 낱말을 만들어 봅시다.

♠ 두 글자

가	수

♠ 세 글자

가	오	리

♠ 네 글자

두	루	마	리

◇ 낱말을 따라 써 봅시다.

ㅐ	ㅒ	ㅔ	ㅖ	ㅘ	ㅙ	ㅚ	ㅝ	ㅞ	ㅟ	ㅢ
애	얘	에	예	와	왜	외	워	웨	위	의

21 받침 없는 ㄱ, ㄴ, ㄷ 낱말 배우기

ㄱ, ㄴ, ㄷ이 들어간 낱말 중에서 받침이 없는 낱말을 배울 거예요. 낱말을 입으로 소리 내어 읽고 하나씩 익혀 보세요.

◆ 낱말을 읽고 따라 써 봅시다.

◇ 낱말과 알맞은 그림을 선으로 이어 봅시다.

기도   귀마개   노크   도자기

◇ ㄱ, ㄴ, ㄷ이 들어간 낱말을 써 봅시다.

22 받침 없는 ㄹ, ㅁ, ㅂ 낱말 배우기

이번에는 ㄹ, ㅁ, ㅂ이 들어간 낱말을 배울 거예요. 받침 없는 낱말을 눈으로 살펴보고 입으로 소리 내어 하나씩 익혀 보세요.

◆ 낱말을 읽고 따라 써 봅시다.

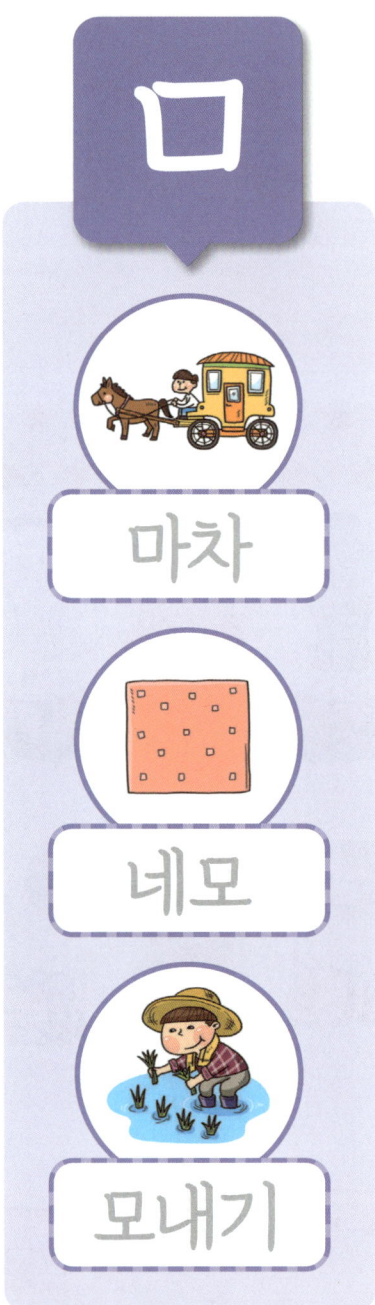

◆ 낱말과 알맞은 그림을 선으로 이어 봅시다.

보리

마루

바가지

개나리

◆ ㄹ, ㅁ, ㅂ이 들어간 낱말을 써 봅시다.

23 받침 없는 ㅅ, ㅇ, ㅈ 낱말 배우기

받침 없는 ㅅ, ㅇ, ㅈ 낱말을 준비했어요. 내가 아는 낱말이 있어도 따라 읽고 천천히 따라 써 보세요.

◆ 낱말을 읽고 따라 써 봅시다.

◆ 낱말과 알맞은 그림을 선으로 이어 봅시다.

새   어머니   새우   자두

◆ ㅅ, ㅇ, ㅈ이 들어간 낱말을 써 봅시다.

24 받침 없는 ㅊ, ㅋ, ㅌ 낱말 배우기

받침 없는 ㅊ, ㅋ, ㅌ 낱말을 배울 차례예요. 적힌 낱말 말고 내가 아는 낱말이 있는지 떠올려 보세요.

◆ 낱말을 읽고 따라 써 봅시다.

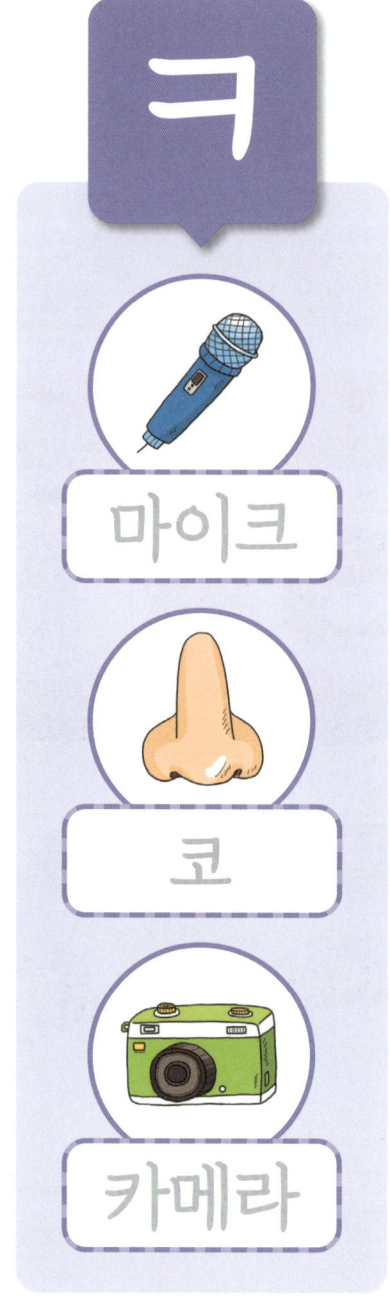

◆ 낱말과 알맞은 그림을 선으로 이어 봅시다.

차례  
치과  
커피 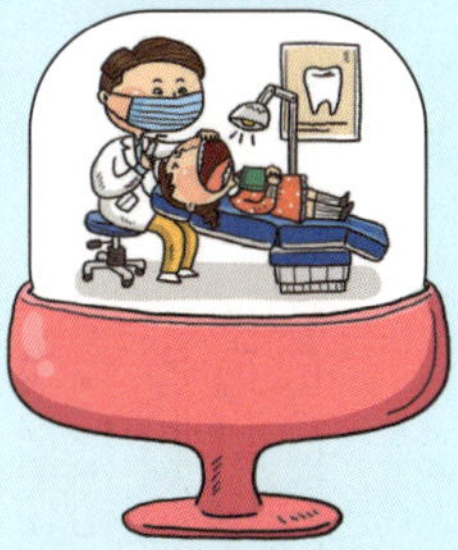 
기타

◆ ㅊ, ㅋ, ㅌ이 들어간 낱말을 써 봅시다.

25 받침 없는 ㅍ, ㅎ, ㄲ 낱말 배우기

받침 없는 ㅍ, ㅎ, ㄲ 낱말을 준비했어요. 낱말을 따라 쓰기 전에 입으로 소리 내어 읽기 잊지 말아요.

◆ 낱말을 읽고 따라 써 봅시다.

◆ 낱말과 알맞은 그림을 선으로 이어 봅시다.

크레파스   스파게티   미꾸라지   해녀

◆ ㅍ, ㅎ, ㄲ이 들어간 낱말을 써 봅시다.

26 받침 없는 ㄸ, ㅃ, ㅆ, ㅉ 낱말 배우기

ㄸ, ㅃ, ㅆ, ㅉ이 들어간 받침 없는 낱말을 준비했어요. 그림과 낱말을 눈으로 익히고 손으로 따라 쓰며 배워 보세요.

◆ 낱말을 읽고 따라 써 봅시다.

◆ 낱말과 알맞은 그림을 선으로 이어 봅시다.

따개비 ●———————●

오빠 ● ●

쓰레기 ● ●

짜다 ● ●

◆ 따, 뻐, 쓰, 찌이 들어간 낱말을 써 봅시다.

받침 없는 낱말 복습하기

가 위			
가 지			
고 구 마			
기 타			
귀 고 리			
귀 뚜 라 미		
나 사			
다 리			
도 자 기		

도깨비

도끼

두더지

마루

마차

메뚜기

미꾸라지

바구니

바퀴

받침 없는 낱말 복습하기

| 배추 |
| 아파트 |
| 어부 |
| 우리나라 |
| 우표 |
| 이쑤시개 |
| 새우 |
| 쓰레기 |
| 자두 |

주 사 위

지 우 개

채 소

치 과

카 메 라

크 레 파 스

하 마

해 녀

해 바 라 기

다섯 걸음 5

받침 있는 낱말을 공부해요

27 받침 있는 글자의 짜임 이해하기
28 받침이 ㄱ, ㅋ, ㄲ인 낱말 배우기
29 받침이 ㄴ, ㄹ인 낱말 배우기
30 받침이 ㅁ, ㅇ인 낱말 배우기
31 받침이 ㅂ, ㅍ인 낱말 배우기
32 받침이 ㄷ, ㅌ, ㅅ, ㅆ인 낱말 배우기
33 받침이 ㅈ, ㅊ, ㅎ인 낱말 배우기
34 문장으로 겹받침 배우기 ①
35 문장으로 겹받침 배우기 ②
★ 받침 있는 낱말 복습하기

27 받침 있는 글자의 짜임 이해하기

받침이란 글자 아래에 들어가는 자음자를 말해요. 왼쪽과 오른쪽에서 만난 글자, 위쪽과 아래쪽에서 만난 글자 밑에 자음자를 적으면 받침 있는 글자가 완성이에요.

♠ 자음자가 왼쪽, 모음자가 오른쪽

ㅅ + ㅏ + ㄴ = 산 →

♠ 자음자가 위쪽, 모음자가 아래쪽

ㅅ + ㅗ + ㄴ = 손 →

◆ 자음자와 모음자로 만든 받침 있는 글자를 써 봅시다.

감 →

곰 →

◆ 받침을 더해 낱말을 완성해 봅시다.

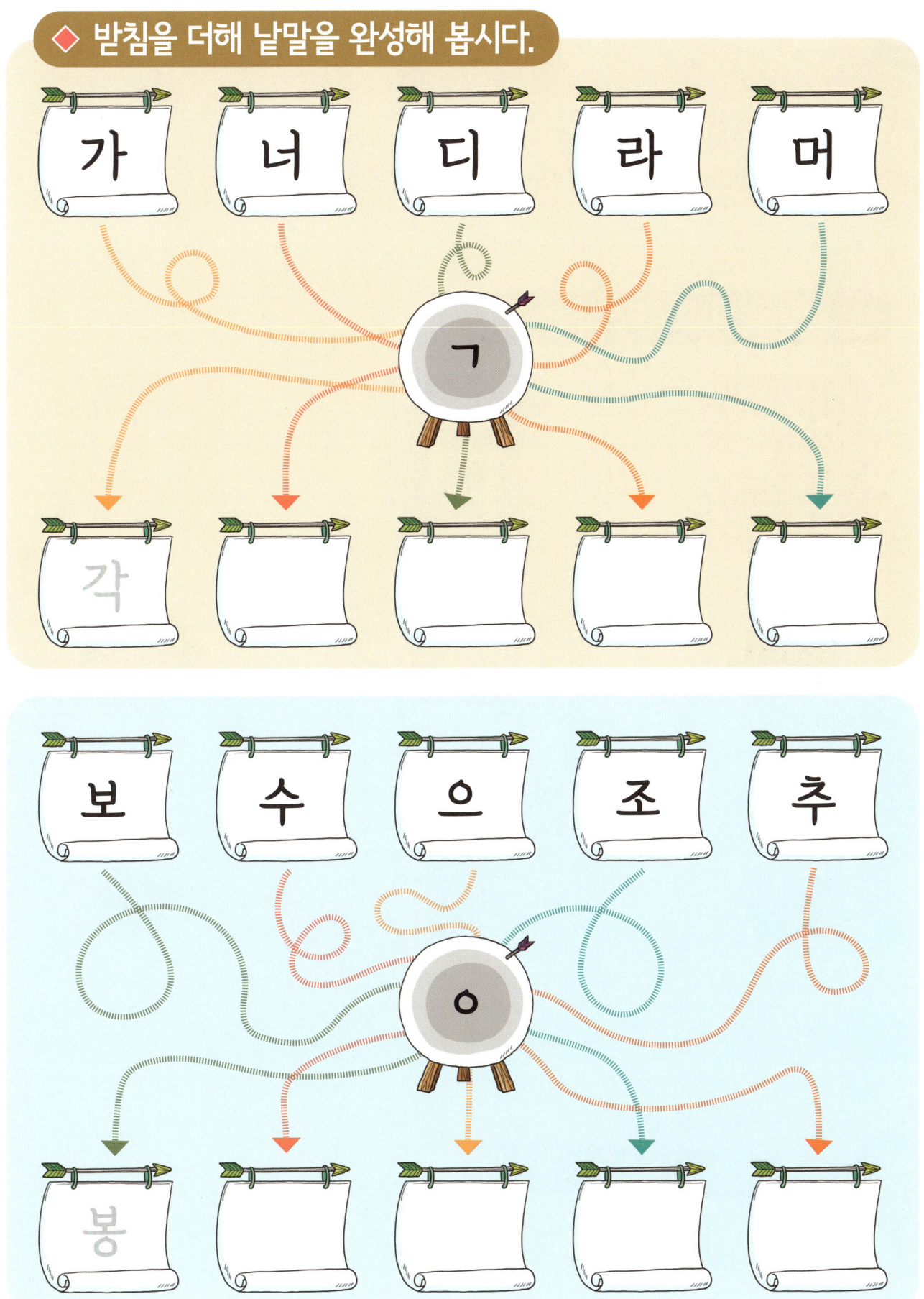

28 받침이 ㄱ, ㅋ, ㄲ인 낱말 배우기

ㄱ, ㅋ, ㄲ이 받침으로 들어간 낱말을 읽어 보면 받침이 모두 [ㄱ]으로 소리가 나요. 소리는 같아도 낱말에 따라 쓰이는 받침이 다르다는 걸 기억해요.

◆ 낱말을 읽고 따라 써 봅시다.

ㄱ
수박
미역

ㅋ
부엌
키읔

ㄲ
닦다
떡볶이

받침 ㄱ ㅋ ㄲ 은 읽을 때 모두 [ㄱ]으로 소리 나!

박 [박]   엌 [억]   닦 [닥]

◆ 낱말에 알맞은 받침을 써 봅시다.

◆ ㄱ, ㅋ, ㄲ 받침이 들어간 낱말을 써 봅시다.

29 받침이 ㄴ, ㄹ인 낱말 배우기

ㄴ과 ㄹ이 받침으로 들어가면 ㄴ은 [ㄴ], ㄹ은 [ㄹ]로 소리가 나요. 받침으로 들어간 자음자 그대로 소리 나는 게 특징이니 잘 기억하며 낱말을 익혀 보세요.

◆ 낱말을 읽고 따라 써 봅시다.

◆ 낱말에 알맞은 받침을 써 봅시다.

보기
ㄴ, ㄹ

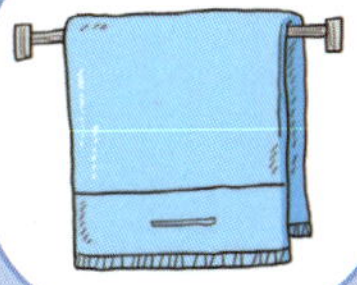

수 건
수 건

마 두

다 추

부

선 무

반 다

◆ ㄴ, ㄹ 받침이 들어간 낱말을 써 봅시다.

30 받침이 ㅁ, ㅇ인 낱말 배우기

ㅁ과 ㅇ이 받침으로 들어가면 ㅁ은 [ㅁ], ㅇ은 [ㅇ]으로 소리가 나요. 자음자의 소리가 그대로 나는 낱말이니 소리와 글자를 익혀 보세요.

◆ 낱말을 읽고 따라 써 봅시다.

◆ 낱말에 알맞은 받침을 써 봅시다.

◆ ㅁ, ㅇ 받침이 들어간 낱말을 써 봅시다.

31 받침이 ㅂ, ㅍ인 낱말 배우기

ㅂ과 ㅍ이 받침으로 들어가면 모두 [ㅂ]으로 소리가 나요. 하지만 낱말의 뜻과 쓰인 자음자는 다르니 잘 기억하고 익혀 보세요.

◆ 낱말을 읽고 따라 써 봅시다.

받침 ㅂ ㅍ은 읽을 때 모두 [ㅂ]으로 소리 나!

밥 [밥]   숲 [숩]

◆ 낱말에 알맞은 받침을 써 봅시다.

보기
ㅂ, ㅍ

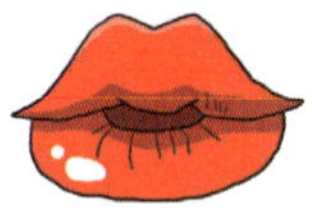

| 입 |
| 입 |

| 지 | 신 |
| | |

| 토 |
| |

| 여 | 구 | 리 |
| | | |

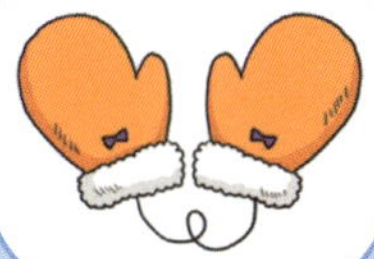

| 장 | 가 |
| | |

| 단 | 풍 | 이 |
| | | |

◆ ㅂ, ㅍ 받침이 들어간 낱말을 써 봅시다.

32 받침이 ㄷ, ㅌ, ㅅ, ㅆ인 낱말 배우기

ㄷ, ㅌ, ㅅ, ㅆ이 받침으로 들어가면 모두 [ㄷ]으로 소리가 나요. 소리는 같지만 낱말의 뜻에 따라 받침은 달라져요.

◆ 낱말을 읽고 따라 써 봅시다.

받침 ㄷ ㅌ ㅅ ㅆ은 읽을 때 모두 [ㄷ]으로 소리 나!

숟 [숟]   같 [갇]   돗 [돋]   찼 [찯]

◆ 낱말에 알맞은 받침을 써 봅시다.

◆ ㄷ, ㅌ, ㅅ, ㅆ 받침이 들어간 낱말을 써 봅시다.

33 받침이 ㅈ, ㅊ, ㅎ인 낱말 배우기

ㅈ, ㅊ, ㅎ이 받침으로 들어가면 모두 [ㄷ]으로 소리 나요. 소리만 같을 뿐 의미와 쓰이는 자음자는 달라요.

◆ 낱말을 읽고 따라 써 봅시다.

받침 ㅈ ㅊ ㅎ 은 읽을 때 모두 [ㄷ]으로 소리 나!

낮 [낟] 숯 [숟]  [읃]

◆ 글자에 알맞은 받침을 써 봅시다.

보기
ㅈ, ㅊ, ㅎ

곶 감
곶 감

나 잠

유 놀 이

꼬

너 다

싸 다

◆ ㅈ, ㅊ, ㅎ 받침이 들어간 낱말을 써 봅시다.

34 문장으로 겹받침 배우기 ①

겹받침은 두 개의 자음자가 합해져 만들어진 받침이에요. 문장 속 상황에 따라 소리가 달라질 수 있으니 따라 읽고 쓰며 익혀요.

◆ 문장을 읽고 낱말을 따라 써 봅시다.

닭이 흙을 파고 있어.

닭					흙				

나이가 젊다.

젊	다								

ㄹㅍ

시를 재미있게 읊다.

읊	다								

ㄹㅌ

아이스크림을 혀로 핥다.

핥 다

ㄹㅂ

바다가 넓다.

넓 다

겹받침은 이렇게 소리 나!

ㄹㄱ
닭 [닥]
닭이 [달기]

ㄹㅁ
젊다 [점따]
젊어 [절머]

ㄹㅍ
읊다 [읍따]
읊어 [을퍼]

ㄹㄱ
흙 [흑]
흙을 [흘글]

ㄹㅌ
핥다 [할따]
핥아 [할타]

ㄹㅂ
넓다 [널따]
넓어 [널버]

35 문장으로 겹받침 배우기 ②

겹받침이 들어간 낱말은 문장 속 상황에 따라 읽는 소리가 달라져요. 겹받침 낱말과 문장을 소리 내어 읽고 어떤 소리가 나는지 익혀요.

◆ 문장을 읽고 낱말을 따라 써 봅시다.

ㄹㅎ

소중한 물건을 잃다.

| 잃 | 다 | | | | | | | | |

ㄱㅅ

내 몫은 하나야.

| 몫 | | | | | | | | | |

ㅂㅅ

목마른데 물이 없다.

| 없 | 다 | | | | | | | | |

ㄴㅎ

시장에 사람이 많다.

많 다

ㄴㅈ

자리에 앉다.

앉 다

겹받침은 이렇게 소리 나!

ㄹㅎ
잃다 [일타]
잃어 [이러]

ㄱㅅ
몫 [목]
몫은 [목쓴]

ㅂㅅ
없다 [업따]
없어 [업써]

ㄴㅎ
많다 [만타]
많아 [마나]

ㄴㅈ
앉다 [안따]
앉아 [안자]

받침 있는 낱말 복습하기

가마솥

곶감

김치

계단

깡통

낮잠

낚시

넣다

노랗다

단추

동굴

들녘

돋보기

돗자리

땅콩

떡볶이

무릎

물감

받침 있는 낱말 복습하기

미역

반달

반찬

부엌

빗자루

선물

수박

숟가락

쌓다

여섯 걸음

6

다양한 낱말을 공부해요

- **36** 학교와 관련된 낱말 배우기
- **37** 봄과 관련된 낱말 배우기
- **38** 여름과 관련된 낱말 배우기
- **39** 가을과 관련된 낱말 배우기
- **40** 겨울과 관련된 낱말 배우기
- ★ 다양한 낱말 복습하기

36 학교와 관련된 낱말 배우기

낱말도 장소와 상황에 따라 어울리는 것이 달라요. 새로 입학하는 학교에는 어떤 낱말이 숨어 있을까요? 읽고 쓰면서 어떤 낱말이 있는지 알아보세요.

◆ 그림을 보고 낱말을 완성해 봅시다.

◆ 글자를 골라 그림과 어울리는 낱말을 써 봅시다.

종 오 이 색   관 오 도 서   급 안 식

색	종	이

연 필 키 색    교 사 서 과    차 실 화 장

◆ 학교와 관련된 낱말을 써 봅시다.

37 봄과 관련된 낱말 배우기

따뜻한 바람이 불어오는 봄이에요. 새싹이 땅 위로 올라오고, 꽃도 펴요. 봄을 나타내는 낱말이 무엇이 있는지 알아봐요.

◆ 그림을 보고 낱말을 완성해 봅시다.

◆ 글자를 골라 그림과 어울리는 낱말을 써 봅시다.

오 ㉠목 ㉡련   소 싹 새    올 사 이 챙

목	련

밭 꽃 속    라 소 대 청 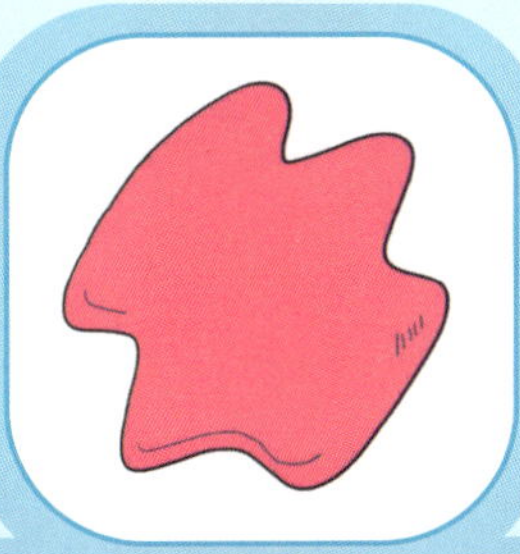   홍 색 이 분

◆ 봄과 관련된 낱말을 써 봅시다.

38 여름과 관련된 낱말 배우기

땀이 뻘뻘 나 시원한 곳을 찾게 되는 무더운 여름이에요. 어떤 낱말이 여름을 나타내는지 함께 쓰면서 알아봐요.

◆ 그림을 보고 낱말을 완성해 봅시다.

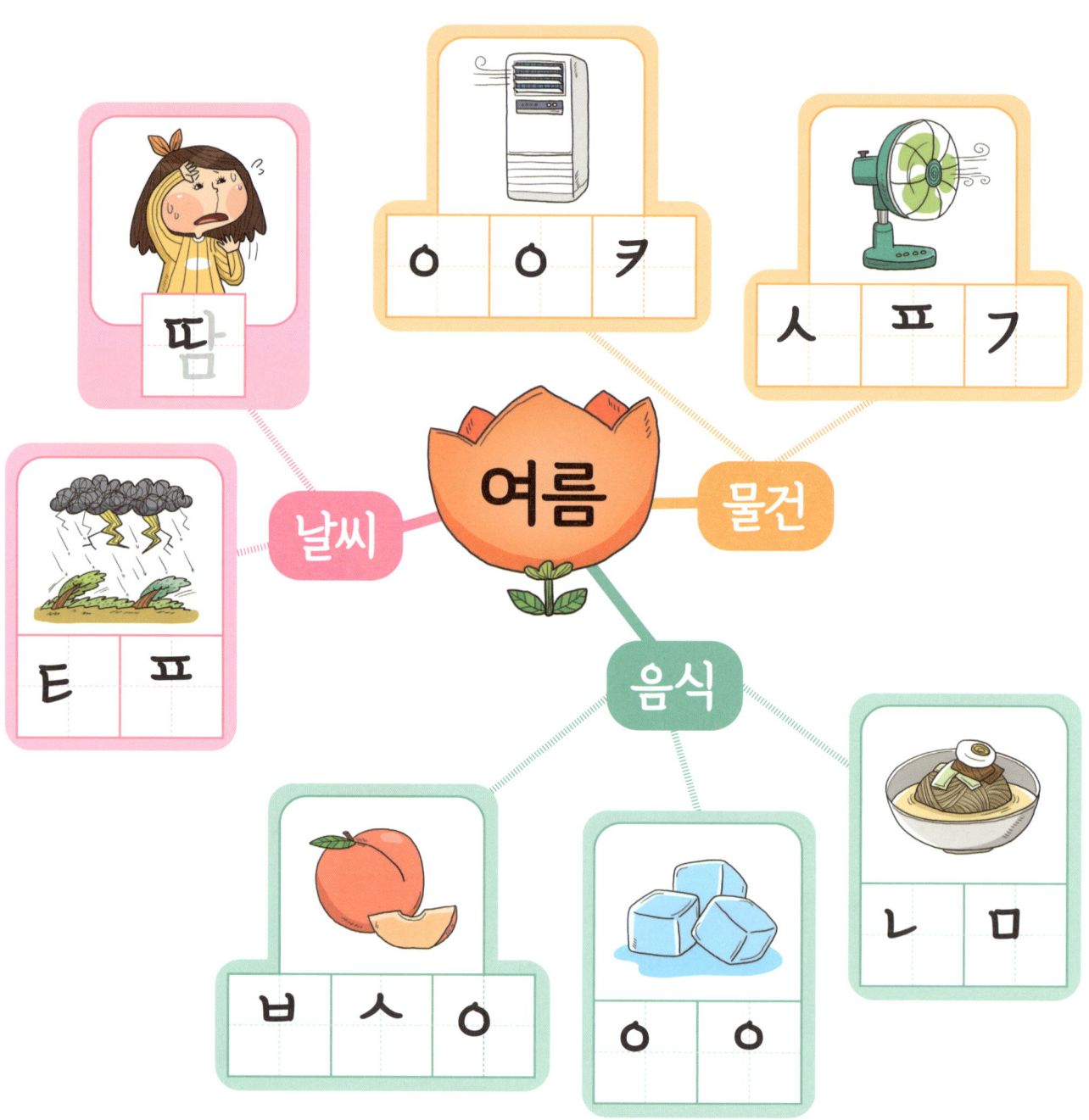

◆ 글자를 골라 그림과 어울리는 낱말을 써 봅시다.

장 하 마   놀 이 해 물   계 수 곡

장 마

지 송 반 바    빙 수 박    늘 그 림

◆ 여름과 관련된 낱말을 써 봅시다.

39 가을과 관련된 낱말 배우기

찬바람이 씽씽 불면 낙엽이 하나씩 떨어지는 가을이에요. 가을에는 추석도 있고 맛있는 과일도 있어요. 어떤 낱말이 가을과 관련 있는지 알아보세요.

◆ 그림을 보고 낱말을 완성해 봅시다.

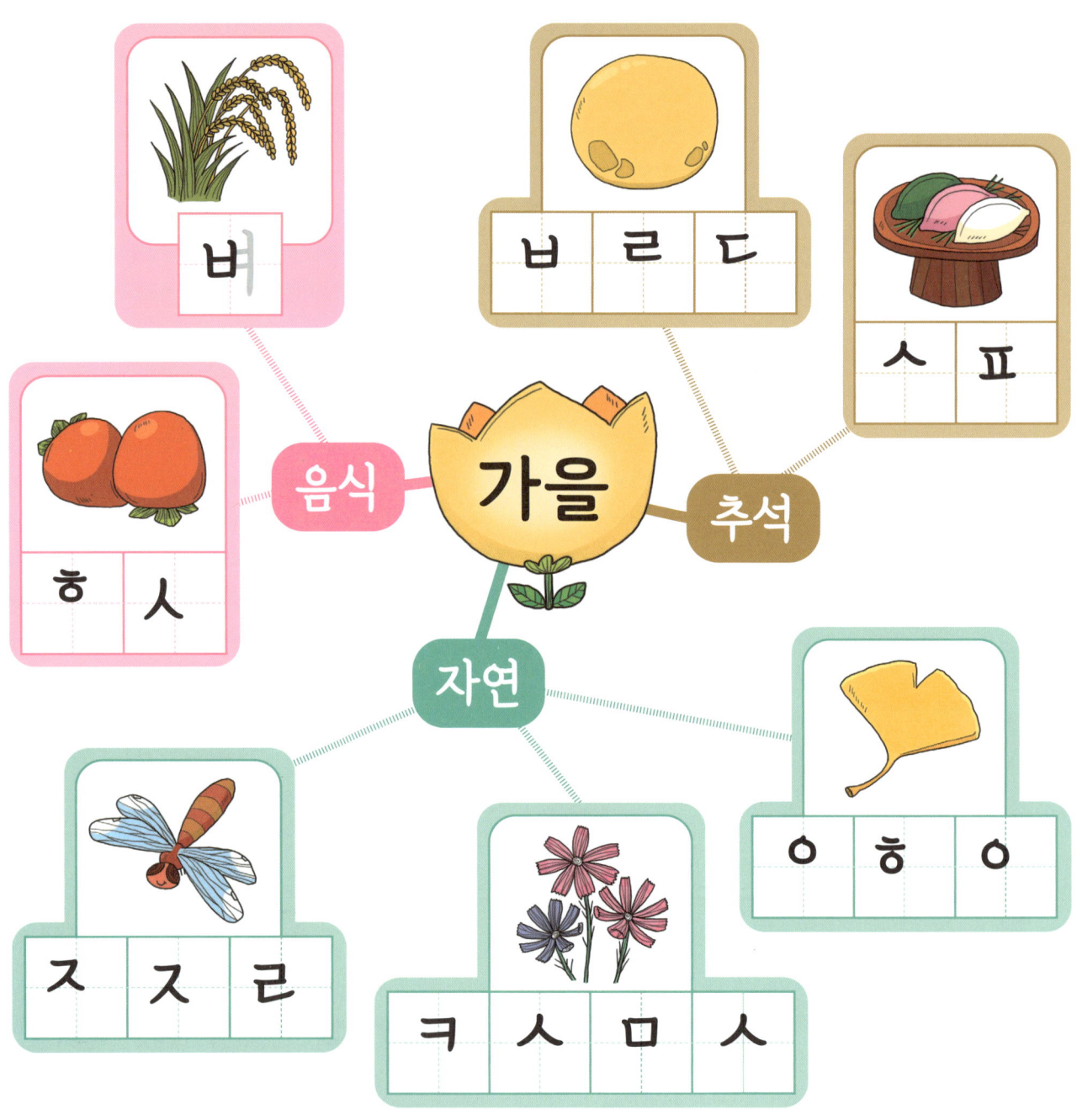

◆ 글자를 골라 그림과 어울리는 낱말을 써 봅시다.

국ⓖ 구 화ⓖ   엽 낙 호    우 대 추

국 화

단 지 풍    서 독 도    공 방 울 솔

◆ 가을과 관련된 낱말을 써 봅시다.

40 겨울과 관련된 낱말 배우기

새하얀 눈이 하늘에서 펑펑 쏟아지는 겨울이에요. 겨울에만 볼 수 있는 낱말은 무엇이 있을까요? 읽고 쓰면서 겨울 낱말을 알아보세요.

◆ 그림을 보고 낱말을 완성해 봅시다.

◆ 글자를 골라 그림과 어울리는 낱말을 써 봅시다.

국 수 떡   람 눈 이 사   치 요 산 까

떡 국

기 한 빵 복    가 고 름 드    팽 곳 부 이

◆ 겨울과 관련된 낱말을 써 봅시다.

다양한 낱말 복습하기

고드름

개나리

그늘

계곡

꽃밭

꽃샘추위

낙엽

난로

눈싸움

다양한 낱말 복습하기

새싹

선생님

선풍기

솔방울

송편

쑥떡

얼음

연날리기

운동장

정답

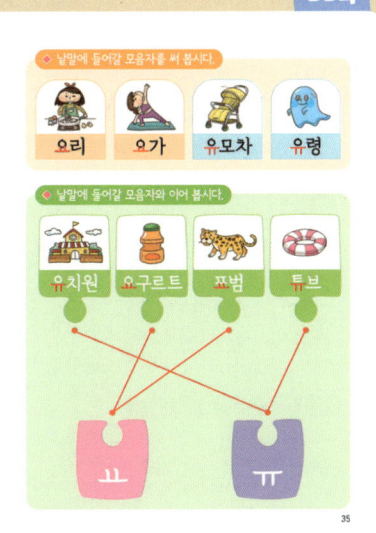

125

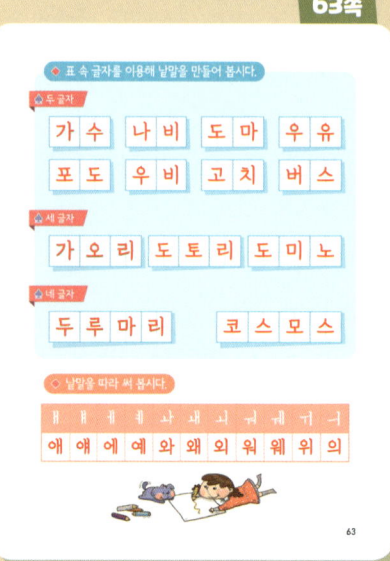
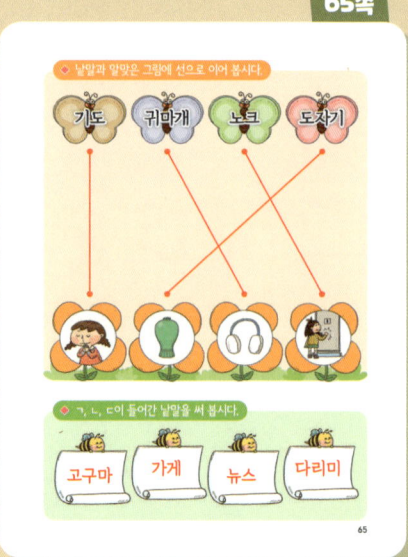

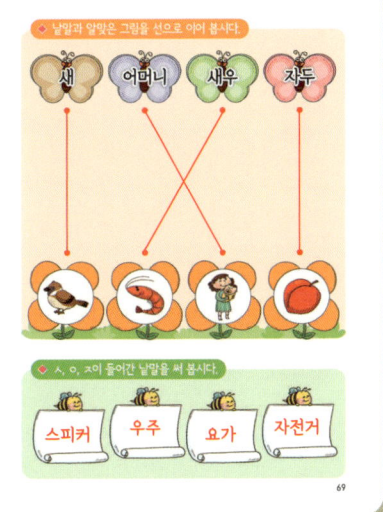
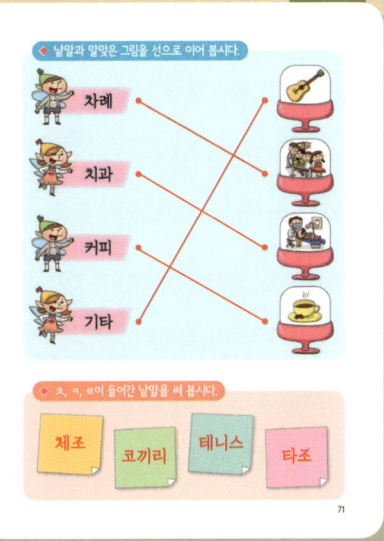
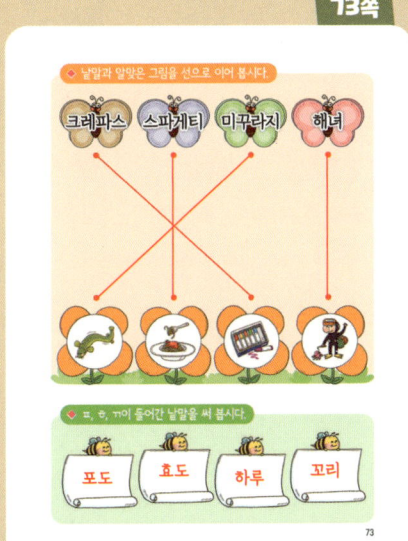
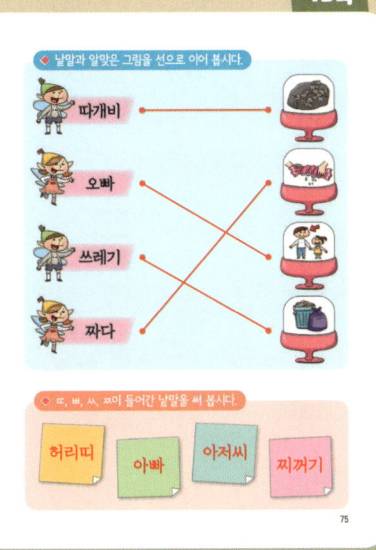
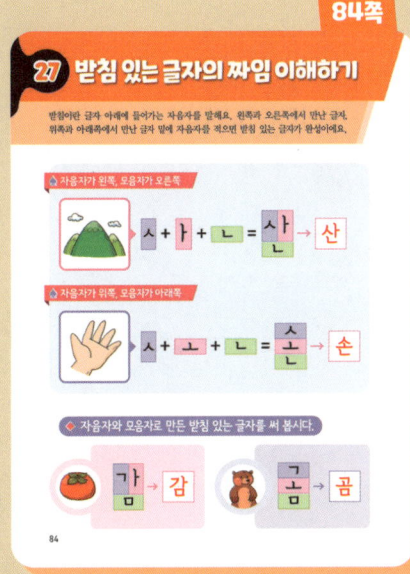
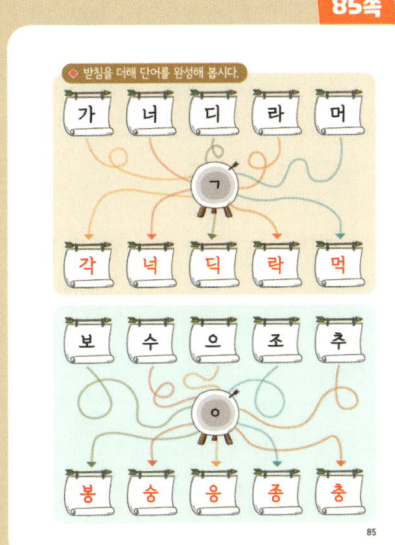

열심히 배운 낱말을 모두에게 뽐내 볼까?

초등학교 국어 교과서
집필 위원이 알려 주는

두근두근 1학년 처음 국어
한글 떼기

초판 발행 2023년 12월 20일
초판 인쇄 2023년 12월 13일

글 김대조
그림 홍나영

펴낸이 정태선
기획·편집 김보섭, 윤주영
마케팅 정태영, 신보연, 장승희
펴낸곳 파란정원
출판등록 제395-2010-000070호
주소 서울특별시 은평구 가좌로 175, 5층
전화 02-6925-1628 | **팩스** 02-723-1629
제조국 대한민국 | **사용연령** 7세 이상 어린이
홈페이지 www.bluegarden.kr | **전자우편** eatingbooks@naver.com
종이 다올페이퍼 | **인쇄** 조일문화인쇄사 | **제본** 경문제책

글 ⓒ2023김대조
본문에 서울남산체, 카페24 고운밤 서체를 사용하였습니다.
ISBN 979-11-5868-276-7 73700

이 책은 저작권법에 따라 보호받는 저작물이므로 무단 전재와 무단 복제를 금지하며,
이 책 내용의 전부 또는 일부를 이용하려면 반드시 저작권자와 파란정원(자매사 책먹는아이·새를기다리는숲)의 동의를 얻어야 합니다.
*잘못된 책은 구입하신 서점에서 바꿔 드립니다.